<u>Lothar W. Schmidt</u> ▪ <u>Easy-Buchreihe</u>
(Sachbücher/Ratgeber)

Lothar W. Schmidt

Klausuren und Prüfungen
ohne Ängste schreiben

Mit gezielten Strategien Prüfungsängste überwinden

Handlicher Ratgeber
zur Überwindung von Prüfungsängsten
Die ideale Hilfe und Ergänzung,
Gelerntes optimal umzusetzen

Extra für Schüler:
Klassenarbeiten erfolgreich schreiben

Einfacher geht's nicht!

LWS Easy-Buchreihe

<u>Impressum:</u>
© 2000 LWS Easy-Buchreihe
Brigitta Schmidt Verlag, Essen
Herstellung: Books on Demand GmbH

Alle Rechte bei der LWS Easy-Buchreihe!

ISBN 3-8311-0712-2

Autor

Lothar W. Schmidt,
Gründungsmitglied der LWS Easy-Buchreihe

Weitere Titel der LWS Easy-Buchreihe

Deutsch-Profi
Rechtschreibung, Grammatik I, Wortlehre

Mathe-Profi
Mathematik der Sekundarstufe I

Easy zum Rhetorik-Profi
Redeaufbau, Gestik, Mimik, Musterreden

Easy zum Verkaufs-Profi
So verkaufen Sie einfach alles!

Mobbing erkennen und abwehren (ab 02.2002)
Über den Umgang mit schwierigen Menschen

Immer ganz cool bleiben
Selbstbewusst und erfolgreich leben

5

Inhaltsverzeichnis

Vorwort

Liebe Leserinnen und Leser,
liebe Schülerinnen und Schüler,

viele von euch haben die Gelegenheit zur Kontaktauf-
nahme via eMail mit mir genutzt. Die Resonanz zeigt
mir u. a. das rege Interesse an den Mitwirkungs- und
Mitgestaltungsmöglichkeiten an Büchern aus der "LWS
Easy-Buchreihe". Hierfür möchte ich euch allen meinen
Dank aussprechen. So schrieben mir zahlreiche
Schülerinnen und Schüler sinngemäß:

Ihre Handbücher "Deutsch-Profi" und "Mathe-Profi"
erleichtern mir das Lernen sehr. Dennoch habe ich
Probleme, das mir angeeignete Wissen in Klassenarbeiten erfolgreich umzusetzen. Oder die erzielte Note
spiegelt meinen tatsächlichen Wissensstand nicht wi-
der. Ja, ich habe Angst vor Klassenarbeiten und über-
haupt vor Prüfungen. Dies hindert mich, mein Wissen
optimal zu nutzen. Was kann ich nur dagegen tun?

In der Tat: Der Wissensstand alleine ist noch kein Ga-
rant für eine erfolgreich absolvierte Prüfung. Sich Wissen anzueignen schafft lediglich die Basis für gute
Noten. Die Umsetzung von Gelerntem ist eine andere
Sache. Allerdings wäre es sehr bedauerlich, wenn die

Anwendung von oft mühevoll angeeignetem Wissen an mangelnder Umsetzungsfähigkeit in Prüfungen, egal welcher Art, scheitern würde. Dieser höchst effektive und nützliche Ratgeber soll dir als "Angst- und Krisenbewältiger" stets zur Seite stehen und dabei helfen, Prüfungsängste verstehen und überwinden zu lernen. So kann Gelerntes und die organisatorische Umsetzung des Gelernten zu einer positiven Einheit zusammengeführt werden. Selbstverständlich spielen hierbei auch persönliche Neigungen und Interessen eine Rolle. Letztlich aber möchte dieses Werk dazu verhelfen, für sich persönlich das bestmögliche Ergebnis in Prüfungen herauszuholen. Du musst aber lernen "wollen", dir selbst etwas zuzutrauen. Versprichst du mir das? Gut, dann werde ich dir dabei helfen, mehr Selbstsicherheit aufzubauen. Denn eine große Portion Selbstvertrauen ist die Grundvoraussetzung zur Überwindung von Prüfungsängsten und für ein hohes Leistungsniveau. Dieses Buch ist nach modernen Erkenntnissen gestaltet und ich wünsche mir, dass dieses Handbuch zum erfolgreichen Einsatz kommen wird. Allerdings wird dir alleine das Lesen dieses Buches nicht von deinen Prüfungsängsten befreien. Der Abschnitt "Praxis-Training gegen Prüfungsängste" sowie der Abschnitt "Checkliste zur Prüfungsvorbereitung" haben somit einen besonders hohen Stellenwert und erfordern jeweils die konsequente Anwendung der

Ausführungen. Nur so kannst du lernen, deine Prüfungsangst auf ein erträgliches Maß zu reduzieren bzw. in den Griff zu bekommen, um selbstsicher - mit den bestmöglichen Erfolgsaussichten - in die nächste Prüfung zu gehen.

Die Begriffe "Klassenarbeit", "Klausur", "Examina", usw. werden künftig unter den Überbegriff "Prüfungen" zusammengefasst. Selbstverständlich wendet sich dieses Buch nicht nur an Menschen mit Prüfungsängsten, sondern auch an jene Menschen, denen es an Vorbereitungstechniken zur Prüfung mangelt und die Schwierigkeiten haben, sich zum Lernen zu motivieren. Die Themen sind so zusammengestellt, dass erste Erfolge bereits in wenigen Wochen möglich sind. Die Thematik ist leicht verständlich dargelegt und lässt sich daher problemlos nachvollziehen.

In diesem Sinne wünsche ich dir viel Erfolg mit diesem Buch und einen besonders erfolgreichen Prüfungsabschluss!

Die Urangst des Menschen

Angst ist nicht gleich Angst! Während die "anerzogenen" Ängste eine negative Wirkung auf uns haben, übt die "angeborene" Angst im Wesentlichen eine positive Wirkung auf uns Menschen aus. Mit den anerzogenen Ängsten werden wir uns noch im nachfolgenden Kapitel ausführlich beschäftigen. Nun aber zur Urangst des Menschen: Die Urangst wird auch als "natürliche" Angst bezeichnet, die allen Menschen angeboren ist. So ist es ganz natürlich, wenn wir Menschen Angst verspüren. Es wäre fatal, wenn uns das Gespür für Angst verloren gegangen wäre. Der warnende "Instinkt" käme so möglicherweise nicht mehr rechtzeitig zum Einsatz. Und dies würde in der Tat eine echte Gefahr für jeden von uns bedeuten. Ich möchte hiermit folgendes zum Ausdruck bringen: In uns allen lebt aus längst vergangener Zeit, in der wir Menschen ebenso wie alle Tiere einen harten Überlebenskampf in freier Natur führten, ein sehr nützlicher, lebenswichtiger Urinstinkt weiter. Dieser Urinstinkt heißt "Angst"! Das Gespür für "natürliche" Angst hilft uns Menschen, drohende Gefahren rechtzeitig wahrzunehmen, um aus dieser Situation heraus das zum Überleben zwingend erforderliche "Verhalten" freizusetzen. So können wir zur Verteidigung des eigenen Lebens noch rechtzeitig zum "Angriff" übergehen oder die "Flucht" ergreifen.

Dieses sehr nützliche Gespür ist uns Menschen im weiteren evolutionären Verlauf geblieben. Heute jedoch scheinen wir unseren Urinstinkt kaum noch zu verspüren. Zumindest scheint uns dieser Urinstinkt nicht rational bewusst zu sein. Und dennoch lebt dieser Urinstinkt in uns weiter. Weil wir aber unsere natürliche Umgebung nicht mehr als so bedrohlich empfinden, ist die in uns lebende Urangst weitestgehend aus unserem Bewusstsein verschwunden. Sie ist aber immer noch existent! Heute gebrauchen wir unsere "natürliche" Angst auf ähnliche Weise wie in der weitaus bedrohlicheren Vergangenheit. Dies aber mehr oder weniger im übertragenen Sinne. Mit dem Wegfall der natürlichen Bedrohung haben wir Menschen offensichtlich die Neigung entwickelt, die scheinbar nicht mehr bestehende Urangst anderweitig zu kompensieren oder sie entsprechend unserem Zeitgeist "anzupassen". Allerdings entspricht dies nicht der evolutionär zugedachten Funktion der Urangst. Nicht mehr das Raubtier wird als ständige, unmittelbare Bedrohung empfunden. Vielmehr ist es das Leben um uns herum, ist es der Erfolgsdruck einer "modernen" Gesellschaft, der uns Menschen das "Fürchten" lehrt. Der Umgang mit der Urangst hat sich somit zu einer geänderten, ständigen Herausforderung für alle Menschen entwickelt. Mit diesem Bewusstsein wird es uns möglich sein, diese Herausforderung gezielt annehmen zu können.

Ziel muss es sein, die in uns bestehende, unauflösliche Urangst so zu steuern, dass sie dem heutigen Zivilisationsstandard angemessen "erfahren" werden kann. So ist es zwar verständlich, aber unangemessen, auf Prüfungen quasi vergleichbar mit Todesangst zu reagieren, statt sich kontrolliert der Situation zu stellen.

Die übersteigerte Prüfungsangst ist dem Grunde nach nichts anderes, als das zur Verteidigung des eigenen Lebens ausgelöste Panikverhalten bei der Witterung eines Raubtieres. Hier ist es also nicht gänzlich gelungen, die scheinbar nicht mehr bestehende Urangst maßvoll zu kompensieren. Selbstverständlich werden wir im nächsten Kapitel zum Ergebnis kommen, dass die heute noch bestehende Urangst des Menschen nicht einzig oder nur sehr gering an die Entwicklung übersteigerter Prüfungsängste beteiligt ist.

Vielmehr lässt sich der vermeintlichen Urangst durchaus Positives abgewinnen. In der Regel gestehen Menschen mit übersteigerter Prüfungsangst einer bevorstehenden Prüfung im übertragenen Sinne die Bedeutung von "Überleben" zu, obgleich diesen Menschen dieser Umstand rational meist nicht bewusst ist. Nun, ein Kampf auf Leben oder Tod findet, nüchtern betrachtet, jedoch absolut nicht statt. Das klingt doch schon einmal positiv. Oder? Zudem hilft uns die Urangst, bestehende "Gefahren" zu erkennen. Folglich benötigen wir Menschen ein gesundes Maß "Angst", um uns den vermeintlichen Gefahren zu stellen. So birgt eine bevorstehende Prüfung die Gefahr in sich, vermasselt zu werden. Diese "Gefahr" erzeugt wiederum Angst. Die Angst wiederum signalisiert gewissermaßen eine drohende Gefahr. Es scheint, als würden wir uns in einen unüberwindbaren Teufelskreis befinden. Das ist so aber nicht richtig! Wird die durch die scheinbar bestehende Gefahr erzeugte Angst angemessen kanalisiert, so verhilft uns diese Angst dazu, sich der Gefahr (hier: Prüfung) zu stellen, statt das Fluchtverhalten auszulösen und am liebsten in panischer Angst weglaufen zu wollen. Die kanalisierte Angst führt zur Konzentration auf das Wesentliche (Gefahr gleich Prüfung). Sie trägt dazu bei, die gesamte geistige Energie auf die Prüfung zu richten. Hiermit bietet sich die Möglichkeit, das geforderte Wissen im Kopf gezielt abzufragen und in der Prüfungssituation konkret umzusetzen. Die zumindest auf ein erträgliches Maß kanalisierte Angst hilft zudem, geistige Blockaden aufzulösen. Wird der positive Einfluss von "Angst" erst einmal bewusst erlebt, so kann diese Angst als durchaus nützlich empfunden werden. Sie wird nicht mehr als extrem nachteilig empfunden und der richtig kanalisierte Umgang mit der Angst gelingt zunehmend. Hilfreich ist hier sicherlich die systematische, klar strukturierte Vorbereitung auf die Prüfung (vgl. entspr. Kapitel). Dies stärkt das Gefühl für Sicherheit. Ein wenig Restangst wird - ja muss - bleiben, um so die optimale Konzentration auf das Wesentliche und einen gut strukturierten, größtmöglichen Lernerfolg herbeizuführen. Während die Urangst als "natürliche" Angst bei angemessener Kanalisierung (dies werden wir in den nachfolgenden Kapiteln gemeinsam lernen) durchaus nützliche, somit positive Elemente vorweisen kann, haben die "anerzogenen" Ängste einen durchweg negativen Einfluss auf unser Empfinden, insbesondere in Bezug auf Prüfungssituationen. Im nun folgenden Kapitel werde ich daher detailliert auf das "Phänomen" der anerzogenen Ängste eingehen. Denn übersteigert erzeugte Prüfungsängste gehen immer auch einher mit mangelnder Selbstsicherheit. Du fühlst dich selbstsicher? Du denkst, dass meine Behauptung falsch ist? Dann gebe mir bitte die Chance, meine Behauptung auf den nachfolgenden Seiten untermauern zu dürfen. Im Gegenzug verspreche ich dir, dir die Chance einzuräumen, ein großes Stück Selbstsicherheit aufzubauen, damit es dir künftig gelingt, den bestmöglichen Prüfungserfolg herbeizuführen. Einverstanden? Gut, dann kann es jetzt losgehen.

Wie Prüfungsängste entstehen

Die Ursachen der Prüfungsangst sind vielschichtig und dennoch sind sie oftmals miteinander verknüpft. Im Vordergrund aber steht mangelnde Selbstsicherheit, also unzureichendes Vertrauen in die eigene Person. Prüfungsängste entstehen, wenn wir Angst davor verspüren sowohl in der Prüfungsvorbereitung als auch in der Prüfungssituation zu versagen und wenn wir uns die Folgen des Versagens bereits lange vor der Prüfung ausmalen. Etwa die Angst, vor unseren Freunden und Bekannten wie ein Versager dazustehen, dass die Menschen sich lustig über uns machen und wir uns fürchterlich blamiert vorkommen. Konträr hierzu ist die Angst vor einer bestandenen Prüfung: Ja, du hast richtig gelesen! In der Tat gibt es Menschen, die sich den nach einer erfolgreich absolvierten Prüfung zu erwartenden höheren Leistungsanforderungen im Betrieb nicht gewachsen sehen und somit Angst vor den vermeintlich positiven Folgen einer erfolgreichen Prüfung entwickeln. Eines haben all diese Ängste gemeinsam: Mangelndes Selbstvertrauen, verbunden mit großem Selbstzweifel. Schuld am Vertrauensverlust in die eigene Person und am quälenden Selbstzweifel sind die fast ausschließlich "anerzogenen" Ängste - nicht zu verwechseln mit der dem Grunde nach nützlichen, "natürlichen" Angst des Menschen. Die anerzogenen Ängste stellen nichts anderes dar, als die oftmals für die Entwicklung eines Kindes schädliche elterliche Erziehung. An dieser Stelle möchte ich allerdings ausdrücklich die gute Absicht der meisten Eltern nicht in Abrede stellen. Aber der Einfluss elterlicher Erziehung prägt, obgleich nicht ständig bewusst, auch unser Verhalten als Heranwachsender und im Erwachsenenalter. Die anerzogenen Ängste sind somit entscheidend, in Bezug auf das Empfinden und die Bewältigung von Prüfungsängsten. Sie haben im Wesentlichen bereits in unserer Kindheit zum mangelnden Selbstvertrauen geführt. Aber Selbstsicherheit ist "der" entscheidende Faktor zur erfolgreichen Bewältigung von Prüfungsängsten. Aus diesem Grunde werde ich einige Zeilen weiter noch detailliert hierauf eingehen.

Bestimmt hast du dir schon einmal gesagt:

"Ich fühle mich total flau in der Magengegend, habe Kopfschmerzen und auch im Allgemeinen ein ganz mieses Gefühl. Ich werde die Prüfung wahrscheinlich vermasseln. Ich kriege wohl nie eine gute Note hin. Die anderen Teilnehmer werden die Prüfung bestimmt bestehen. Ich darf gar nicht daran denken, dann wird mir schon schlecht. Was soll ich bloß machen?"

Eines musst du mir nunmehr zugestehen: Ausdruck von Selbstsicherheit ist dies jedenfalls nicht! Allerdings ist es völlig normal, vor bevorstehenden Prüfungen Angst zu empfinden. Diese Angst darf lediglich nicht zur geistigen Blockade führen. Sie darf nicht zur Unfähigkeit führen, sich in der Prüfung klare Gedanken zu verschaffen, obwohl die Prüfungsvorbereitung im günstigsten Falle optimal verlaufen ist. Angst darf auch nicht zu Hemmungen und körperlicher Verspannung führen, wenn die Prüfung erfolgreich verlaufen soll. Es muss vielmehr darum gehen, die durchaus vorhandenen Ängste optimal zu kanalisieren. Mache dir stets deutlich, dass die Prüfung für sich genommen keine Angst erzeugt. Während des Verlaufs der Prüfung bleibt dir nichts anderes übrig, als die Situation "durchzuleben" und das bestmögliche Ergebnis für dich herauszuholen.

Sicherlich beschäftigt dich nun folgende Frage:

Wenn die Prüfung selbst keine Angst erzeugt, warum habe ich dennoch große Angst, in der Prüfung zu versagen?

Nun, es ist die "Bewertung" der Prüfung, die zur Verunsicherung führt und Angst hervorruft. Die Prüfung hat in Bezug auf das erfolgreiche Bestehen einen sehr hohen Stellenwert in unserer Gesellschaft. Mit dem Bestehen der Prüfung verknüpfen wir gleichzeitig den Gedanken, dass sehr viel im Leben oder gar das Leben selbst von einer erfolgreich absolvierten Prüfung abhängt. Überschätzen oder dramatisieren wir jedoch die Bedeutung einer Prüfung, so überkommt uns im hohen Maße das Gefühl des möglichen Versagens und wir erzeugen selbst Angst in unseren Köpfen. Somit wird deutlich, dass die Angst durch unsere "ängstliche Erwartungshaltung" hervorgerufen wird. Es hängt also in der Tat von der Bewertung der Prüfung ab, in welchem Maße wir Angst verspüren und wie wir uns folglich verhalten. Bedenke stets: Eine negative Bewertung der Prüfung weckt zugleich negative Gefühle wie übersteigerte Angst in dir. Wir Menschen neigen zudem dazu, unseren Gefühlen zu vertrauen, weil wir glauben, dass Gefühle lediglich das widerspiegeln, was wir denken. Dies ist jedoch ein fataler Irrglaube! Angst spüren wir meist deshalb, weil wir uns ängstliche Gedanken machen. Wie wir "denken" ist wiederum geprägt von der elterlichen Erziehung. Unser Denken ist demnach nicht in erster Linie rational begründet, sondern vielmehr emotional stark von äußeren Einflüssen geprägt. Wir können daher unserem Denken nur bedingt trauen und aus unserer Angst nicht die Schlussfolgerung ziehen, dass wir denken, es würde eine momentane Gefahr für uns bestehen, ohne dass diese Gefahr tatsächlich begründet sein muss. Ja, es sind die ängstlichen Gedanken, die Angst in uns auslösen. Und hier sind wir wieder beim eigentlichen Auslöser von rational unbegründeter Angst. Wir sind wieder beim Thema Selbstvertrauen, auf das ich nunmehr - wie versprochen - näher eingehen werde. Du wirst aus meinen Ausführungen Erkenntnisse gewinnen, die dir dabei helfen, Selbstzweifel oder gar Minderwertigkeitsgefühle zu überwinden. Dies ist die wichtigste Voraussetzung zur Überwindung von Prüfungsängsten.

Nun, die Antwort auf die Frage nach den Prüfungsängsten liegt in deiner Kindheit. Bereits nach der Geburt haben wir Menschen gelernt, in ganz bestimmter Weise auf verschiedene Situationen zu reagieren. Die Ursachen sind vielschichtig. Für das ganze Leben prägend ist unbestritten der Einfluss des Elternhauses. Auch wenn die meisten Menschen dies im Erwachsenenalter nicht wahrhaben wollen und entsprechende Gedanken - bewusst oder unbewusst - eher verdrängen. Moderne Psychoanalyseverfahren haben uns längst das Gegenteil bestätigt. Ja, es gibt jemand, der es immer wieder schafft, unser Selbstvertrauen zu zerstören. Dieser Jemand geht sogar soweit, uns die Entscheidung über Erfolg oder Misserfolg zu nehmen. Ja, dieser Jemand maßt sich an, einzig die

Entscheidung über unsere Lebenseinstellung und unser Verhalten zu treffen. Er entscheidet darüber, ob wir ein erfülltes oder ein unerfülltes Leben führen, ob wir stark oder schwach, glücklich oder unglücklich sind. Wer aber ist dieser Jemand? Und was macht ihn so stark, dass er unser Denken und Handeln scheinbar mühelos nach seinen Willen steuert? Nun, es ist der Kritiker in uns, der "innere Kritiker", jene innere Stimme, die uns permanent einzureden versucht, alles falsch zu machen, egal, was wir auch tun. Der "innere Kritiker" ist unermüdlich in seinem Bestreben, uns zu ertappen, wenn wir Fehler machen oder Schwächen zeigen. Er wartet nur auf derartige Fehltritte, um uns dann zu verurteilen und mit quälenden Gedanken abzustrafen. Ja, der "innere Kritiker" ist nichts anderes als der Vater oder die Mutter oder eine andere Person mit großem Einfluss auf die Erziehung. Der Kritiker in uns hat sich die Vorstellungen der Eltern weitestgehend zu eigen gemacht. Im Erwachsenenalter sind wir es selbst, die wir uns für unser "Fehlverhalten" kritisieren. So hören wir die Eltern noch sagen: "Du bist ein Versager; Du bist zu nichts zu gebrauchen; Du hast nur dummes Zeug im Kopf; Mit dir muss man sich immer wieder blamieren; Nimm dir ein Beispiel an deine jüngere Schwester; Was sollen bloß die Leute denken; Du bringst mich noch ins Grab; Du dumme Gans; Was du auch anpackst, es geht immer schief".

Werden solche Aussagen oft genug gebetsmühlenartig wiederholt, so verinnerlicht sich im Kind das Bild des Versagers. Das Kind ist nicht in der Lage, die Tragweite elterlicher Misskundgebungen rational abzuschätzen. Eines aber wird sein künftiges Leben prägen: Es wird sich als schlecht und gering einschätzen. Wenn es aber geringschätzig von sich denkt, dann fügt es sich einen großen seelischen Schaden zu, der das Schicksal des heranwachsenden und schließlich erwachsenen Menschen weiter bestimmen wird.

Wenn wir uns andererseits bewusst werden, dass unser Selbstwertgefühl und unser Selbstvertrauen einzig davon abhängt, wie wir über uns selbst denken, dann muss es doch möglich sein, das Denken über die eigene Person entsprechend zu korrigieren. Hierbei muss es dir nunmehr gelingen, deinen "inneren Kritiker" zum Schweigen zu bringen und durch eine positive und aufmunternde Stimme zu ersetzen. Du wirst dann über genügend Selbstvertrauen besitzen, um neben Prüfungsängste auch andere schulische sowie berufliche Problemstellungen zu meistern. Ich möchte an dieser Stelle ausdrücklich betonen, dass es nicht korrekt ist, die Eltern nun pauschal zu verurteilen. Und ganz sicher gehören derart verbale Misskundgebungen nicht in jedem Elternhaus zum Umgangston. Schließlich ist zu berücksichtigen, dass Eltern in der

Regel ebenso Alltagsprobleme und Ängste haben wie andere Menschen. Auch sind die Eltern wiederum das "Opfer" ihrer Eltern. So können sie nicht Selbstvertrauen an die eigenen Kinder weitergeben, wenn sie dieses Selbstvertrauen selbst nicht besitzen. Sie haben nämlich von ihren Eltern gelernt, nur stets darauf zu achten, was andere Leute von ihnen denken, statt darauf zu achten, was man von sich selbst denkt. Wir sprechen hier von einer Blockade der Selbstverwirklichung. Demnach haben es die meisten Eltern ebenso wie ihre Kinder nicht gerade leicht, einen wirkungsvollen Umdenkungsprozess einzuleiten. Deshalb möchte ich meinen Appell, sich nicht zu verurteilen, ebenso an jene Eltern richten, denen es nicht gegönnt war, Selbstvertrauen in ihrer Kindheit aufzubauen. Selbstverständlich sind alle Menschen mit Schwächen und Fehlern behaftet, Eltern nicht ausgenommen. Es kommt lediglich darauf an, Schwächen und Fehler zu erkennen und ehrlich mit ihnen umzugehen und alles zu tun, das eigene Selbstwertgefühl und das Selbstvertrauen der Kinder zu stärken. Denn durch die "Irrtümer" der meisten Eltern wird das ehemals vorhandene Selbstwertgefühl und somit das Selbstvertrauen der Kinder erheblich beeinträchtigt, wenn nicht gar zerstört. Dennoch müssen wir als Betroffene bereit sein, unseren Eltern oder Großeltern zu verzeihen und Frieden mit ihnen zu schließen. Nur so kann nunmehr jeder selbst die Verantwortung für sein Verhalten übernehmen und es gibt keinen Grund mehr, die Schuld für sein Unglück bei seinen Eltern zu sehen. Man ist plötzlich für sich selbst verantwortlich. Ja, anders kann das Umdenken nicht gelingen. Allerdings setzt dies bei Kindern die Bereitschaft der Eltern voraus, selbst umdenken zu wollen, da sich sonst die eigene Situation und auch die Situation der Kinder wohl kaum ändern lässt. Dieses Buch ist daher auch eine Empfehlung für viele Eltern.

Du lebst noch bei deinen Eltern? Dir sind die zuvor beschriebenen verbalen Misskundgebungen nicht fremd? Dann spreche mit deinen Eltern hierüber. Auch wenn du wirklich einmal versagt hast, so stelle vor dir selbst unmissverständlich klar, dass du als "Mensch" niemals ein Versager sein kannst. Denn du wirst immer ein Mensch bleiben, unabhängig vom Ergebnis deines Verhaltens. Nur in deinem Verhalten kannst du gelegentlich versagen. Das Verhalten aber ist veränderbar und lässt sich schließlich an die Erfordernisse einer zu bewältigenden Situation anpassen. Und es zeichnet jeden von uns als Mensch aus, aus Fehlern zu lernen und sein Verhalten künftig hiernach auszurichten. Es geht nun darum, sich als Mensch zu verwirklichen. Das geht nur, wenn du es schaffst, dich als "Mensch" zu akzeptieren, mit allen Schwächen und Fehlern, die übrigens alle Menschen immer wieder mal machen. Binde deine Eltern in den erforderlichen Umdenkungsprozess ein, sofern sie - wenn auch ungewollt - einen negativen Einfluss auf dein Selbstwertgefühl ausüben. Wie bereits angesprochen: Dieses nützliche Handbuch richtet sich ebenso an vorausschauende Eltern.

Fazit: Niemand ist von Geburt an ohne Selbstwertgefühl. Mangelndes Selbstbewusstsein ist lediglich anerzogen. Da uns der "innere Kritiker" anerzogen ist, können wir seinen Einfluss durch "Umerziehen" zumindest auf ein erträgliches Maß reduzieren oder diesen gar gänzlich zum Schweigen bringen. Das anerzogene, mangelnde Selbstwertgefühl kann schließlich dazu führen, gesteigerte Ängste im Allgemeinen und Prüfungsängste im Besonderen zu entwickeln. Genau diese irrationalen und blockierenden Ängste wollen wir jedoch bekämpfen und beheben. Du kommst also nicht umher, dich von den anerzogenen Ängsten zu befreien. Lese dir diesen Abschnitt nochmals durch und versuche, dir den Inhalt zu verinnerlichen. Zum Thema Selbstvertrauen möchte ich dir den ebenfalls in dieser Buchreihe erschienenen Ratgeber "Immer ganz cool bleiben" empfehlen – der nützliche Begleiter für mehr Selbstbewusstsein und für den persönlichen Erfolg, mit gezielten Strategien gegen Stress.

Prüfungsängste durch rationale Gedanken ersetzen

Nun haben wir die vielen, möglichen Gründe der Prüfungsangst kennengelernt. Dies ist ein erster Schritt zur Bewältigung von Prüfungsängsten. Nun geht es darum, die allgemein irrational geprägten Prüfungsängste durch "rationale" Gedanken zu ersetzen. Diese Gedanken stützen sich auf eine positive Einstellung im Kopf des Menschen. Wenn wir uns hingegen vorstellen, wie sehr sich gesteigerte Prüfungsängste negativ auf unser Befinden auswirken, dann ist es geradezu erstaunlich, wenn es uns dennoch gelingt, eine Prüfung zu bestehen. Die Anforderungen an Geist, Seele und Körper sind jedoch zu hoch, um die optimale Leistung aus sich herauszuholen. Es ist dann sehr ärgerlich, wenn es uns nicht gelingt, die Prüfung mit einer guten Note zu bestehen, obwohl dies aus Sicht des Wissensstandes durchaus möglich gewesen wäre.

So kann das seelische Befinden nicht nur zur Angst, sondern gleichermaßen zur Unsicherheit, Hilflosigkeit, Reizbarkeit, und zur Mutlosigkeit führen. Im gleichen Maße ruft das körperliche Befinden Kopfschmerzen, innere Unruhe, Magen- und Darmbeschwerden, muskuläre Verspannungen, Schwindelgefühle, Schlafstörungen und Müdigkeit hervor. Das geistige Befinden ist von Konzentrationsmangel, Merkfähigkeitsstörungen und irrationales Grübeln geprägt und kann im weiteren Verlauf zu erheblichen Denkblockaden führen.

Hieran wird deutlich, wie sehr uns negative Einflüsse um den Prüfungserfolg und den Erfolg im Allgemeinen bringen können. Unsere Energie wird überwiegend auf das störende, negative Allgemeinbefinden, statt auf die eigentliche Prüfungsvorbereitung und -situation gelenkt. Wertvolle Umsetzungsmöglichkeiten des Gelernten können somit nicht voll ausgeschöpft werden, sodass die Prüfung selbst - wenn es "gut" geht - so eben glatt verläuft. Eine sinnvolle Basis für künftige Prüfungen ist dies allerdings nicht. Es gilt nunmehr, all diese negativen Einflüsse und Eigenschaften in der Weise in den Griff zu bekommen, dass sie nicht mehr hinderlich auf den Prüfungsverlauf einwirken. Selbstverständlich ist nicht jeder Mensch gleichermaßen Prüfungsängsten ausgesetzt. Einige werden nur einen Teil der hier aufgeführten Symptome verspüren. Andere werden diese Symptome weniger belastend wahrnehmen. Es ist jedoch immer hilfreich, diese Symptome weitestgehend auszuschalten, sodass sie nur noch eine untergeordnete Rolle spielen, um einigermaßen ruhig und gelassen in die Prüfung gehen zu können.

Aber wie lassen sich nun Prüfungsängste durch rationale Gedanken ersetzen? Wir wissen inzwischen, dass es die durch uns selbst hervorgerufenen ängstlichen Gedanken sind, die uns mitunter in panischer Prüfungsangst versetzen. Und solange wir in uns angstauslösende Gedanken hervorrufen, wird es nicht möglich sein, mit einer gesunden Portion Ruhe und Gelassenheit in die Prüfung zu gehen.

Nun wird es Zeit, dass du dir einen Überblick über deine angstauslösenden Gedanken verschaffst. Keine Sorge, ich werde dich hierbei unterstützen! Denn viele dieser angstauslösenden Gedanken sind den meisten Menschen gar nicht richtig bewusst. Nachfolgend werde ich nun die gängigsten angstauslösenden Gedanken beschreiben und alternativ auf rationale Gedanken verweisen. Hast du erst einmal deine angstauslösenden Gedanken konkret erfasst, dann wirst du auch in der Lage sein, dich von den negativen Gedanken zu befreien und sie durch hilfreiche, rationale Gedanken zu ersetzen.

Vielleicht befindet sich auf deinem Schreibtisch gerade ein Oktavheft. Wenn nicht, dann besorge dir ein solches Heft. Denn es wird dir nützen, dieses nunmehr von dir zu schaffende "Rüstzeug" von Fall zu Fall als hilfreichen Begleiter zur Hand zu haben. Bist du bereit, mit der Arbeit zu beginnen? Dann lese dir bitte jetzt den nachfolgenden Abschnitt aufmerksam durch. Nimm dir etwas zum Schreiben und trage alle angstauslösenden Gedanken in dein Oktavheft ein, die du von dir kennst. Sind dir weitere angstauslösenden Gedanken bekannt, die hier aber nicht beschrieben sind, dann trage sie zusätzlich in dein Oktavheft ein.

Angstauslösende Gedanken:

Oh nein, schon wieder eine Prüfung. Da kommt ja wieder was auf mich zu. Das schaffe ich nie!

Rationale Gedanken:

Ich bin nicht in der Lage, in die Zukunft zu sehen. Selbst wenn ich einmal versagt habe, so gibt es dennoch keinen Grund anzunehmen, dass ich auch hier wieder versagen werde. Unabhängig davon, ob ich mich wirklich in der Lage sehe, den Prüfungsanforderungen gewachsen zu sein, werde ich mich jedenfalls gezielt auf die Prüfung vorbereiten. Wenn ich dieses Buch gelesen habe, werde ich zudem in der Lage sein, bereits im Vorfeld mit gezielten Strategien in die Prüfung zu gehen. Jetzt liegt es einzig an mir, mich nicht zu verurteilen, sondern mich anzunehmen und mich der Situation zu stellen.

Angstauslösende Gedanken:

Immer diese Prüfungen. Muss das sein? Ich habe einfach keinen Bock mehr zu lernen!

Rationale Gedanken:

Jeder Mensch hat Phasen, in denen er keine Lust zum Lernen hat. Schließlich wollen wir Menschen auch Zeit für die angenehmen Dinge im Leben haben. Andererseits könnte ich nach bestandener Prüfung in die Lage versetzt werden, mir ein Stück mehr an Annehmlichkeiten zu verschaffen, auch wenn ich das momentan vielleicht noch nicht überblicken kann. Nun ja, dann werde ich mir erst einmal eine Ruhephase gönnen und dem Freizeitvergnügen nachgehen. Bis zur Prüfung habe ich noch etwas Zeit. Den Prüfungsstoff werde ich mir so einteilen, dass ich meine Ruhephasen habe und auch anderen Dingen nachgehen kann.

Angstauslösende Gedanken:

Jetzt wird es aber verdammt knapp. Hätte ich doch nur rechtzeitig damit begonnen, mich auf die Prüfung vorzubereiten. Das schaffe ich jetzt bestimmt nicht mehr!

Rationale Gedanken:

Panik hilft mir jetzt nicht weiter. Damit verschaffe ich mir eine noch ungünstigere Ausgangssituation. Die Situation wird auch nicht dadurch besser, indem ich der vertanen Chance nachtrauere und ich mich verurteile. Außerdem habe ich noch etwas Zeit, mich hinzusetzen und zu lernen. Immerhin kann ich dann das Wissen in der Prüfung umsetzen, das ich mir nun noch aneignen werde. Zwar kann ich nicht voraussehen, ob ich die Prüfung bestehen werde; ebensowenig kann ich voraussehen, ob ich in der Prüfung tatsächlich scheitern werde. Viele Menschen bestehen eine Prüfung, obwohl sie nicht alle Prüfungsfragen beantwortet haben und mit Wissenslücken in die Prüfung gegangen sind. Ich werde mich jetzt hinsetzen und lernen, um die verbleibende Zeit zu nutzen. Und dann werde ich ja sehen, welche Möglichkeiten ich noch nutzen konnte.

Angstauslösende Gedanken:

Ich bin einfach zu blöd, eine gute Prüfung abzulegen. Das ist mir bisher nur sehr selten gelungen. Ich habe immer schon Probleme gehabt, den Lernstoff nachzuvollziehen und einigermaßen zu bewältigen!

Rationale Gedanken:

Okay, ich bin nicht der schnellste Kopf in der Schule.
Ja, ich habe ein Problem damit, den Lernstoff zügig zu
begreifen. Das macht mich aber noch lange nicht zum
Dummkopf. Ich habe es bis hierhin geschafft. Wenn ich
blöd wäre, dann wäre mir dies nicht gelungen. Ich be-
nötige nur etwas mehr Zeit zum Lernen. Wenn ich mir
einrede, wie blöd ich doch bin, dann mache ich es mir
in jedem Falle unnötig schwer. Und wenn ich mehr Zeit
zum Lernen brauche, dann nehme ich mir diese Zeit.
Selbst wenn ich mit Wissenslücken in die Prüfung gehen sollte, so heißt das nicht, dass die Prüfung dane-
bengehen muss. Es gibt keinen Menschen, der den
Prüfungsstoff hundertprozentig beherrscht. Andererseits kann niemand in die Zukunft sehen, und hundertprozentig vorhersagen, dass mein Wissensdefizit zur
gescheiterten Prüfung führen wird. Ich habe es einzig
in der Hand, mich auf mögliche Schwächen einzustel-
len und mich entsprechend rechtzeitig auf die Prüfung
vorzubereiten. Außerdem werden mir die in diesem
Buch beschriebenen Strategien helfen können, optimal
mit der Bewältigung von Prüfungsstoff umzugehen.

Angstauslösende Gedanken:

Vielleicht könnte ich die Prüfung bestehen, wenn doch bloß die Zeit in der Prüfung reichen würde. Ich kann unter Zeitdruck keine vernünftigen Leistungen bringen. Ich bin dann nervös und unkonzentriert und dann mache ich Fehler.

Rationale Gedanken:

Ich habe keinen Grund, anzunehmen, dass die Zeit nicht ausreicht, um die Prüfung erfolgreich abzuschließen. Kein Mensch kann in die Zukunft sehen und vorhersagen, ob der Zeitdruck dazu führen wird, dass ich unnötige Fehler mache und die Prüfung deshalb nicht bestehen werde. Außerdem bin ich - wie jeder andere Mensch auch - nicht immer gleich gut "drauf". Dieses Mal werde ich besser drauf sein können, weil ich nun die Möglichkeit habe, die in diesem Buch beschriebenen Strategien gezielt für mich zu nutzen.

Angstauslösende Gedanken:

Es wird sowieso ausgerechnet das gefragt, worauf ich keine Antwort habe. Das, was ich gelernt habe, wird bestimmt nicht drankommen. Das ist doch immer so! Dann kann ich ja gleich "einpacken" und zu Hause bleiben. Warum soll ich also noch büffeln?

Rationale Gedanken:

Es gibt keinen vernünftig nachvollziehbaren Grund, anzunehmen, dass ausgerechnet jener Lernstoff in der Prüfung abgefragt wird, worauf ich mich am wenigsten vorbereitet habe. Dies ist eine völlig hypothetische Annahme. Natürlich kann es vorkommen, dass ich nicht auf alle Fragen eine Antwort habe. Aber damit stehe ich sicherlich nicht alleine. Und die anderen Teilnehmer bestehen die Prüfung auch. Im Allgemeinen kenne ich den Prüfungsstoff und darf diesen nur nicht zu sehr eingrenzen, sondern ich muss alles tun, um für den Fall der Fälle genügend vorbereitet zu sein. Mehr kann ich nicht tun.

Angstauslösende Gedanken:

Bestimmt werde ich einen Blackout bekommen und dann ist die Prüfung für mich gelaufen. Ich werde bestimmt Probleme haben, die Fragen zu verstehen und dann werde ich die Fragen nicht beantworten können. Ich werde vor lauter Aufregung versagen!

Rationale Gedanken:

Ja, es ist richtig, dass meine übersteigerte Aufgeregtheit und innere Unruhe eher hemmend auf den Prüfungsverlauf wirken. Allerdings ist dies kein Zustand, der sich nicht ablegen ließe. Ich kenne diese Schwächen und kann bereits im Vorfeld gezielt daran arbeiten, meine übersteigerte Angst und innere Unruhe abzubauen. Dieses Buch wird mir hierbei helfen. Und wenn ich eine im Prüfungsbogen gestellte Frage nicht verstanden habe, dann habe ich immer noch die Möglichkeit, beim Lehrer bzw. Prüfer nachzufragen. Er wird mir hierfür nicht den Kopf abreißen, sondern eher Verständnis aufbringen.

Nun, das wäre geschafft! Nachdem du dir die angstauslösenden Gedanken durchgelesen hast, kannst du jetzt damit beginnen, die auf dich zutreffenden angstauslösenden Gedanken in dein Oktavheft einzutragen. Ergänze diese Gedanken um jene Gedanken, die dir weiterhin bekannt, aber die hier nicht beschrieben sind.

Nun beginne damit, die jeweils zutreffenden rationalen Gedanken gesondert in dein Oktavheft zu übertragen. Kennzeichne diese Gedanken so, dass diese sich zu den jeweils angstauslösenden Gedanken zuordnen lassen.

Warum dieser Aufwand? Wenn du dieses Buch gelesen und mit diesem Buch entsprechend gearbeitet hast (Selbstvertrauen, Strategien, Praxis-Training, Lerntipps, usw.), dann wird dir dein ganz persönliches Oktavheft künftig wichtige Aufschlüsse über Schwankungen des Allgemeinbefindens - insbesondere vor Prüfungen - geben können. Mit diesem Buch wird dein Oktavheft zum "Rüstzeug" für mehr Selbstsicherheit und Gelassenheit. Du wirst endlich einen strukturierten Lernerfolg und optimale Ergebnisse in Prüfungen herbeiführen können.

Dein Oktavheft wird dir stets Alternativen zu den angstauslösenden Gedanken aufzeigen. Lese dir ca. nach einer Woche ausschließlich die von dir eingetragenen rationalen Gedanken durch. Versuche hierbei, die angstauslösenden Gedanken in Vergessenheit zu bringen. Selbstverständlich wird dies nicht auf Anhieb gelingen. Dies ist aber nicht weiter tragisch! Verinnerliche dir ausschließlich die rationalen Gedanken. Nach wenigen Wochen oder Monaten wirst du vielleicht auf die unterstützende Wirkung des einen oder anderen rationalen Gedankens beinahe oder ganz verzichten können. Dann bist du deinem Ziel, Prüfungsängste abzubauen, ein Stückchen näher gekommen. Hierbei könnten dir einige der bisher angstauslösenden Gedanken befremdlich vorkommen. Und solltest du abermals übersteigerte Prüfungsängste verspüren, so hilft dir dein "Rüstzeug", mit diesen Ängsten umzugehen und sie weitestgehend abzubauen bzw. auf ein erträgliches Maß zu reduzieren. Nun sind wir aber noch ziemlich am Anfang unserer Arbeit und noch ein großes Stück davon entfernt, die Prüfungsangst wirklich in den Griff zu bekommen. Dieses macht einen konsequenten Umdenkungsprozess erforderlich. Bist du bereit, diesen Schritt zu tun? Gut! Dann lass' uns nun gemeinsam zum nächsten Kapitel übergehen. Wenn du jedoch erst einmal eine Pause machen möchtest, dann gönne dir jetzt genügend Zeit zum Verschnaufen.

Durch gezieltes Umdenken Prüfungsängste abbauen

Fühlst du dich wieder frisch und voller Tatendrang? Schön! Dann können wir jetzt weiter arbeiten.

Wir wissen, dass die angstauslösenden Gedanken unser Wohlbefinden massiv beeinträchtigen und zur geistigen Blockade führen können. Dies ist insbesondere dann äußerst kontraproduktiv, wenn eine Prüfung bevorsteht. Wenn es dir jedoch gelingt, die Ursachen der Prüfungsangst zu bekämpfen und die angstauslösenden durch rationale Gedanken zu ersetzen, dann kannst du bereits mit dieser Strategie deine Prüfungsangst erheblich abbauen. Selbstverständlich ist die Angst vor Prüfungen sehr hartnäckig. Und selbstverständlich wird diese Angst nur langsam der Gelassenheit weichen. Andererseits darf es nicht zu Selbstverurteilungen kommen, wenn man sich dabei ertappt, Angst zu verspüren. Denn der Gedanke, nun angstfrei sein zu müssen, entspricht nicht den Tatsachen. Derartige Gedanken sind völlig irrational. Wer Angst verspürt, sollte sie auch verspüren! Entscheidend ist lediglich der richtige Umgang mit der Angst. Versuche also stets, angstauslösende durch rationale Gedanken zu ersetzen. Dies wird dir helfen, kontrolliert mit der Angst umzugehen und die negativen Einflüsse durch gezielte Kanalisierung vorab auf ein erträgliches Maß zu reduzieren.

Der Umdenkungsprozess wird aber nur dann gelingen, wenn du bereit bist, den Stellenwert der Prüfung anders zu bewerten. Solange du mit negativen Gedanken in die Prüfung gehst, lässt sich das optimale Leistungsvermögen nicht oder nur schwer herausholen. Richtig? Du kommst also nicht umher, dir positive Gedanken zu machen, die es dir ermöglichen, mit mehr Ruhe und Gelassenheit in die Prüfung zu gehen.

Ein positiver Denkansatz könnte wie folgt aussehen:

"Ich lasse die Prüfung auf mich zukommen. Außerdem habe ich mich bereits im Vorfeld gut auf die Prüfung vorbereitet. Zur nächsten Prüfung werden mir die Erkenntnisse aus diesem Buch zusätzlich helfen können. Selbst, wenn während der Prüfung eine Denkblockade einsetzen sollte, so wird sie sich nach kurzer Zeit wieder auflösen. Außerdem ist mit der Prüfung kein Kampf auf Leben oder Tod verbunden. Sollte ich die Prüfung nicht bestehen, so ist dies kein Weltuntergang. In den meisten Fällen habe ich die Chance, die Prüfung zu wiederholen oder in der nachfolgenden Klausur den Notendurchschnitt nach "oben" zu korrigieren.

Viele andere Menschen haben ihre Chance im zweiten Anlauf nutzen können. Es ist menschlich und nicht weiter tragisch, eine Prüfung nicht gleich im ersten Anlauf zu bestehen. Ich werde eine weitere Chance erhalten. Ich lasse mich hierdurch nicht entmutigen. Hierzu habe ich keinen Grund. Es gibt so viele Dinge im Leben, die mir großen Spaß bereiten. Und außerdem habe ich genügend Zeit, mich auf die nächste Prüfung vorzubereiten. Meine Lebensfreude lasse ich mir jedenfalls nicht nehmen".

Ja, eines ist ganz gewiss: Bereits ein positiver Denkansatz wirkt motivationsfördernd und hilft dir, ruhiger und gelassener in die Prüfung zu gehen. So lassen sich optimale Leistungen und Ergebnisse herausholen.

Allerdings werden die bisher gewonnenen Erkenntnisse alleine die angstauslösenden Gedanken nicht unter Kontrolle bringen können. Das im nachfolgenden Kapitel beschriebene Trainingsprogramm wird dir eine zusätzliche Hilfe sein. Es wird dir ebenfalls helfen, ruhiger und gelassener in die Prüfung zu gehen und negative Einflüsse auf ein erträgliches Maß zu reduzieren. Wenn du die Trainingseinheiten und die Strategien konsequent einsetzt, dann wirst du auch lernen, angemessen auf anfängliche Rückschläge zu reagieren.

Praxis-Training gegen Prüfungsängste

Du kennst nun die Gründe deiner Prüfungsangst, hast dich bereits mit einigen Bewältigungsstrategien vertraut gemacht und du hast dir fest vorgenommen, alles zu tun, um auf die bevorstehende Prüfung gut vorbereitet zu sein. Herzlichen Glückwunsch! Du hast hiermit bereits einen großen Schritt zum ganz persönlichen Erfolg getan. Nun geht es darum, sich von den angstauslösenden Gedanken zu befreien oder sie zumindest nicht so stark auf sich wirken zu lassen. Ziel des Praxis-Trainings ist es, angstauslösende Gedanken als "Saboteure" zu entlarven, durch angenehme Gedanken und eine positive Selbsteinschätzung zu ersetzen und die Konzentration bewusst auf die objektive Einschätzung der Prüfungssituation zu lenken. Dies bezieht sich sowohl auf die Prüfungsvorbereitung als auch auf den eigentlichen Prüfungsverlauf. Nur so wird es gelingen, das bestmögliche Prüfungsergebnis für sich herauszuholen. Können wir jetzt beginnen? Gut!

Das mentale Training

Phase 1:
Lese dir die im Oktavheft eingetragenen rationalen Gedanken mindestens 10-mal pro Tag "bewusst" durch und versuche hierbei, die rationalen Gedanken

"gedanklich" zu untermauern. Dies führt dazu, dass in Prüfungsstress-Situationen ebenso die rationalen Gedanken im Kopf abgerufen werden. Die angstauslösenden Gedanken werden so zunehmend durch rationale Gedanken ersetzt.

Phase 2:
Selbst wenn es dir im Wesentlichen gelingt, angstauslösende durch rationale Gedanken zu ersetzen, so nehme die verbliebenen angstauslösenden Gedanken dennoch zur Kenntnis. Sage dir: "Ich befinde mich nicht in Lebensgefahr, egal wie die Prüfung verläuft. Panikgedanken hindern mich ans Schreiben. Aber jede Zeile, die ich schreibe, ist besser, als gar keine Zeile zu schreiben. Folglich bleibe ich ganz ruhig und gelassen und konzentriere mich auf die Aufgaben. Meine angstauslösenden Gedanken, diese "Saboteure", kümmern mich nicht mehr. Ich habe es bis hierher geschafft und ich werde noch weiterkommen".

Phase 3:
Wenn angstauslösende Gedanken jedoch weiterhin dein Wohlbefinden massiv beeinträchtigen, dann sage dir: "Ich werde alles tun, um mich auf die Prüfung vorzubereiten. Das Gelernte wird mir mehr Selbstsicherheit geben. Und wenn ich jetzt über das bisher Gelernte Selbsttest machen wollte, so traue ich mir

durchaus zu, diesen Test zu bestehen. Ich brauche keine Selbstzweifel zu haben, nur weil ich mir angstauslösende Gedanken mache. Ich bleibe also ganz gelassen, atme erst einmal ruhig durch und konzentriere mich hierbei auf meinen Atem. Ich lasse nun die Panikgedanken vorüberziehen. Was bleibt, ist mein Atem. Solange ich atme, lebe ich, und das ist mir am wichtigsten. Ich bin ganz ruhig und gelassen. Nun kann ich mir vorstellen, die Prüfungsangst wirklich in den Griff zu bekommen. Ich weiß, dass mir ein Stückchen Angst nicht schadet. Im Gegenteil: Ich brauche diese Rest-Angst als Teil der natürlichen Angst, um die Konzentration zu optimieren und auf das Wesentliche zu lenken. Die anerzogenen Ängste habe ich nicht zu verantworten und ich brauche deshalb diese Ängste nicht zu tolerieren. Die natürliche Angst hingegen stellt keine Bedrohung für mich dar, sondern hilft mir, die Aufmerksamkeit zu erhöhen".

Phase 4:
Sofern dir die angstauslösenden Gedanken bereits in der Phase der Prüfungsvorbereitung hinderlich sind, so sage dir: "Die Angst ist absolut unbegründet. Ich habe noch genügend Zeit, um mich auf die Prüfung vorzubereiten. Ich werde nun beginnen, mir den Lernstoff in Ruhe durchzulesen und werde hierbei ganz ruhig und regelmäßig atmen. Zuerst werde ich die Auf-

gaben lösen, die mir keine Probleme bereiten. Ich werde mir dann ein dickes Lob für die Lösung der Aufgaben gönnen. Ich weiß, ich kann es schaffen. Wenn ich bei einer Aufgabe nicht weiterkomme, dann stelle ich sie hinten an. Sobald ich mich durch Nachfragen über den richtigen Lösungsweg vergewissert habe, werde ich auf diese Aufgabe zurückkommen. Mir kann also nichts passieren. Ja, die Prüfung kann erfolgreich verlaufen, ganz so, wie ich es mir vorstelle. Es ist ein schönes Gefühl, von anderen Menschen zum Prüfungserfolg gratuliert zu werden und öfter wieder die Dinge tun zu können, die einem Spaß machen. Ja, ich stelle mir das wunderbar vor. Jetzt aber werde ich mich hinsetzen und lernen. Denn von nichts kommt nichts. Und ich möchte gerne, dass all die wunderschönen Gedanken nach der Prüfung in Erfüllung gehen. Ich bleibe also ganz ruhig und gehe den Lernstoff ganz gelassen durch. Ich habe die Möglichkeit, die Situation zu bewältigen".

Das Entspannungstraining

Phase 1:
Mache dir bewusst, dass dir das Entspannungstraining hilft, unmittelbar positiv auf das vegetative Nervensystem einzuwirken. Somit ist es möglich, die körperlichen Symptome wie Kopfschmerzen, Schwindel,

Herzklopfen, Schwitzen, Muskelanspannungen sowie Magen- und Darmbeschwerden relativ gut in den Griff zu bekommen. Sage dir: "Einzig ich selbst habe es in der Hand, die Kontrolle über meinen Körper zu besitzen, nicht meine Angst. Die Angst wird meine Leistungsfähigkeit nicht herabsetzen können, weil ich durch die Atemübung und Muskeltiefenentspannung meine inneren Erregungszustände deutlich schwächen und die Muskelanspannungen auflösen werde. Das wird für mehr Ruhe sowohl nach Innen als auch nach Außen sorgen".

Phase 2:
Mit der Atemtiefenentspannung lässt sich die Sauerstoffzufuhr verringern und somit Angstzuständen und Anspannungen relativ schnell entgegenwirken. Sie dient demnach der spontanen Entspannung und hilft Angstgefühle bewusst zu kontrollieren.

Atme gleichmäßig tief ein und aus und wieder ein. Halte den Atem etwa acht Sekunden an. Atme nun langsam aus und wieder tief ein. Halte den Atem wieder für acht Sekunden an. Atme nun langsam aus und wieder tief ein. Wiederhole diese Atemübung mehrmals am Tag für die Dauer von jeweils drei Minuten. Diese Atemübung sollte insbesondere vor dem Schlafengehen und unmittelbar nach dem Aufstehen regelmäßig eingesetzt werden. Bereits nach wenigen Tagen lassen sich die ersten Erfolge erzielen, sodass du dich deutlich entspannter fühlst.

Phase 3:
Mit der Muskeltiefenentspannung lassen sich Muskelanspannungen sowie Verkrampfungen auflösen und innere Erregungszustände deutlich schwächen. Muskelanspannungen sowie Verkrampfungen treten häufig bei Angstzuständen auf. Die Muskelaktivität wird demnach von Gefühlsregungen beeinflusst. In der Folge lassen sich Angstzustände ebenso durch gezielte Muskelentspannungsübungen verringern. Die Übungen der Muskeltiefenentspannung beruhen auf der wechselweisen Anspannung und Entspannung der Muskulatur. Durch bewusstes Entspannen wird das autonome Nervensystem beruhigt, sodass sich Angstgefühle durch die hilfreichen Gefühle der Ruhe ersetzen lassen.

Suche einen ruhigen Raum auf, lege dich auf eine Matratze oder nehme eine bequeme Sitzhaltung ein. Nun atme mehrmals tief ein und wieder aus. Lasse deine Muskulatur ganz locker werden. Du fühlst nun die angenehme Schwere der Schultern, der Arme, des gesamten Oberkörpers sowie der Beine. Mache dir zu Beginn der Übung das Gefühl der Entspannung für

etwa eine Minute bewusst. Nun beginne, jeden einzelnen Muskel deines Körpers nacheinander fünf Sekunden lang anzuspannen. Beginne mit der rechten Hand.
Balle sie für fünf Sekunden zu einer festen Faust. Löse
langsam deine Faust. Deine rechte Hand sollte wieder
ganz entspannt sein. Beziehe nun deine Arme, Schultern, deinen Nacken, Brustkorb, Bauch, Po sowie deine Oberschenkel, Waden Füße und Zehen nacheinander in die Übung mit ein. Wechsele von den rechten zu
den linken Körperteilen. Vermeide aber stets Verkrampfungen. Entspanne deine Muskeln nun wieder
und mache dir die entspannende Wirkung für etwa
fünfzehn Sekunden bewusst. Wiederhole die gesamte
Übung etwa 5-mal. Diese Übung sollte mindestens 3-
mal täglich eingesetzt werden, insbesondere vor dem
Schlafengehen. Erlebe bewusst, wie dir die wechsel-
weise Anspannung und Entspannung der Muskulatur
gelingt. Genieße nach jeder Übung das Gefühl, den
Körper kontrolliert positiv beeinflussen zu können, und
nicht mehr zwangsläufig den körperlichen Symptomen
ausgesetzt zu sein, die mit Angstgefühlen verbunden
sind. Du hast nun ein Mittel zur Hand, dich gezielt gegen Gefühle der Hilflosigkeit wehren. Du wirst zunehmend merken, wie dir die Entspannungsübung, somit
die Fähigkeit, sich gezielt zu entspannen, mit jeder
durchgeführten Übung immer besser gelingt.

Das Motivationstraining

Phase 1:
Wenn du dich nur unzureichend zum Lernen motivieren kannst, dann mache dir erst einmal die Gründe der mangelnden Motivation bewusst. Diese können sowohl in der Hoffnung auf etwas Vorteilhaftes als auch in der Furcht vor etwas Nachteiligem liegen. Während die Vorteile fest mit der Hoffnung auf soziale Anerkennung, berufliches Fortkommen, mehr Geld und Unabhängigkeit verbunden sind, ist die Furcht vor etwas Nachteiligem eng mit der Angst vor dem persönlichen Versagen, vor sozialer Verachtung (Angst, ausgelacht zu werden oder die Klasse bzw. Prüfung wiederholen zu müssen) und mit der Angst vor beruflicher Perspektivlosigkeit (sich im Leben nichts leisten zu können) verbunden. Egal, welches nun die Motive für die mangelnde Motivation sein mögen: Beide Angstformen lähmen und blockieren die Motivation. Denn sie nehmen dir den inneren Antrieb, sich wirklich gründlich auf die Prüfung vorbereiten zu wollen. Ordne nun deine mangelnde Motivation dem entsprechenden Motiv zu. Nur wenn du die Gründe der inneren Antriebslosigkeit kennst, wirst du die hieraus resultierenden negativen Einflüsse durch gezielte Vorgehensweisen neutralisieren können.

Variante 1:
Wenn du deine Schulbücher am liebsten in die Tonne werfen möchtest, weil du von dir annimmst, du seiest ohnehin zu blöd, die Prüfung zu bestehen, dann sage dir: "Es hilft mir nicht, mich für blöd zu halten. Wenn ich mich jetzt hinsetze und lerne, dann wird im Kopf auch immer etwas hängenbleiben. Vielleicht muss ich ja nur etwas mehr lernen als andere. Ich bin also nicht blöd. Dieser Gedanke lähmt mich und hält mich nur vom Lernen ab. Solange ich lerne, ist die Annahme, in der Prüfung durchzufallen, völlig unbegründet. Niemand kann vorhersagen, wie die Prüfung verlaufen wird. Deshalb habe ich die große Chance, die Prüfung zu bestehen. Also, statt mich unnötig verrückt zu machen, werde ich mich jetzt hinsetzen, und lernen. Und ich werde hierbei mein Bestes geben. Mehr kann ich nicht tun".

Variante 2:
Zwar hast du die Einsicht zur Notwendigkeit des Lernens, aber du hast die Vorbereitungen auf die Prüfung immer wieder hinausgeschoben. Du verspürst deshalb große Angst, in der Prüfung durchzufallen. Die Angst ist nun größer, als die vorausgegangene Unlust zu lernen. Sage dir: "Es ist nicht gut, erst dann mit dem Lernen zu beginnen, wenn ich Angst verspüre, die Prüfung vermasseln zu können. Dieser psychische Druck

könnte mich schließlich blockieren. Dennoch: Vorwürfe helfen mir jetzt auch nicht weiter. Außerdem ist es noch nicht zu spät. Ich werde mich jetzt hinsetzen und mit dem Lernen beginnen. Dann habe ich keinen Grund mehr, mir Vorwürfe zu machen und kann ein gutes Gewissen haben. Zwar werde ich jetzt loslegen müssen, aber beim nächsten Mal werde ich rechtzeitig mit dem Lernen beginnen. Es ist noch nichts verloren. Ich werde die mir noch verbleibende Zeit als Chance bis zur Prüfung nutzen".

Variante 3:
Wenn du lediglich keine Lust zum Lernen hast, dann sage dir: "Ich habe noch Zeit bis zur Prüfung. Ich muss mich nicht sofort hinsetzen und lernen. Andererseits möchte ich die Prüfung gerne bestehen. Ich werde mir also die nötige Zeit zum Lernen nehmen, auch wenn es mir keinen Spaß bereitet. Ich werde aber für genügend Abwechslung sorgen und mir ganz bewusst die nötige Freizeit gönnen. Danach fühle ich mich wieder frisch und erholt. Ich brauche meine Spaß-Pausen und Ruhephasen, um anschließend wieder besser lernen zu können. Das hilft mir, die Prüfung zu bestehen. Ich werde bald mit dem Lernen beginnen, damit mir die nötige Zeit für Dinge, die mir Spaß machen, auch wirklich bleibt. Und wenn ich die Prüfung bestanden habe, werde ich mich ganz toll fühlen.

Meine Eltern und meine Freunde werden mich loben. Ich werde in der Schule bzw. im Beruf weiterkommen und mir dann noch mehr die Dinge im Leben leisten können, die mir Spaß machen".

Phase 2:
Gehe dazu über, den Lernstoff in kleinen Schritten zu bewältigen. Je umfangreicher die tägliche Lernvorgabe ist, desto mehr lässt die Motivation nach. Kleine Lernschritte führen zu vorzeitigen Erfolgserlebnissen und erhöhen die Motivation. Sie steigern somit die freiwillige, innere Bereitschaft, über die eigentliche Vorgabe hinaus zu lernen. Und wenn dir ein größerer Lernabschnitt gelungen ist, dann solltest du dir eine Belohnung gönnen. Gehe mit deinen Freunden ins Kino oder in die Diskothek, gönne dir ein tolles Essen oder kaufe dir eine neue Musik-CD. Wichtig für die richtige Zeiteinteilung der einzelnen Lernabschnitte ist die Erstellung eines Lernplanes, ähnlich einem Stundenplan. Hänge dir diesen Plan an die Wand und hake jeden Tag ab, wie weit du mit dem Lernen gekommen bist. So hast du stets eine Kontrolle darüber, welche Lernabschnitte von dir bereits bewältigt worden sind. Führe nach jedem Lernabschnitt eine Leistungskontrolle durch, z. B. durch Abfragen. Markiere die Lernbereiche, die dir noch ein wenig Probleme bereiten und komme in einer zweiten Zusammenfassung des jewei-

ligen Lernabschnitts hierauf zurück. Lobe dich jeweils
für deinen Erfolg. Auch Komplimente des "Lernpart-
ners" solltest du annehmen. Das hast du dir nun wirklich verdient.

Checkliste zur optimalen Prüfungsvorbereitung

Nun hast du bereits einiges über die Art und Weise erfahren, wie sich Prüfungsängste mindern lassen. Du hast auch gelernt, wie sich die Lern-Motivation heben lässt. Jetzt geht es darum, die Konzentrations- und Merkfähigkeit zusätzlich zu steigern. Es gilt nunmehr, die "inneren" sowie die "äußeren" Voraussetzungen zum Prüfungserfolg miteinander in Einklang zu bringen. Hierbei werden dir die Erkenntnisse der modernen Lernpsychologie behilflich sein.

Schritt 1:
Verschaffe dir einen Überblick über den Umfang des Prüfungsstoffes bzw. über die einzelnen Themen. Spreche deinen Lehrer, deinen Dozenten oder deinen Prüfer im Zweifelsfalle darauf an, welche Themen in der Prüfung drankommen.

Schritt 2:
Unterhalte dich mit jenen, die beim gleichen Prüfer bereits eine Prüfung abgelegt haben, hinsichtlich des Prüfungsstoffes über die "Vorlieben" des Prüfers. Legt er auf bestimmte Lernbereiche besonderen Wert?

Schritt 3:
Informiere dich über die Prüfungsordnung und die Möglichkeit, die Prüfung zu wiederholen. Du wirst sehen, dass es "schlimmstenfalls" eine zweite Chance gibt und du mit mehr Gelassenheit in die Prüfung gehen kannst.

Schritt 4:
Verlasse dich nicht darauf, was angeblich einzig Prüfungsinhalt sein wird. Achte darauf, den Lernstoff nicht zu sehr einzugrenzen, um auch auf "Überraschungen" gut vorbereitet zu sein.

Schritt 5:
Erstelle einen Lernplan (Arbeitsplan) und trage dort die Lern- und Freizeitphasen ein. Unterteile die Lernphasen zusätzlich in einzelne Lernabschnitte.

Schritt 6:
Verschaffe dir eine Übersicht über die erforderlichen Lehrbücher und Arbeitshefte, um die zeitliche Einteilung der Lernstoffbewältigung besser abschätzen zu können.

Schritt 7:
Teile den zu bewältigenden Prüfungsstoff in kleinere Portionen auf und beginne frühzeitig mit dem Lernen.

Bedenke, dass z. B. eine unerwartete Erkrankung dich daran hindern kann, den Zeitplan einzuhalten. Ein zeitliches Puffer macht schon deshalb Sinn, weil bestimmte Lernstoffbereiche mehr Zeit zur Bewältigung brauchen, als ggf. eingeplant ist.

Schritt 8:
Nutze die Gelegenheit, dich zwischendurch mit anderen Prüflingen zu treffen, um bestimmte Lernbereiche gemeinsam vorzubereiten. Du siehst somit, dass auch die anderen nicht ums lernen umherkommen. Du bist mit möglichen Problemen nicht alleine. Zudem erhältst du die Möglichkeit der Rückmeldung über deinen aktuellen Wissensstand. Eventuelle Wissenslücken lassen sich so schließen. Die Lerngruppe sollte jedoch aus maximal fünf Teilnehmer bestehen.

Schritt 9:
Versuche stets, auch jenen Lernstoff, der dich nicht interessiert, etwas Positives abzugewinnen. So lässt sich die Lernmotivation steigern. Außerdem kannst du dich an Dinge, die dich interessieren, viel besser erinnern.

Schritt 10:
Halte nach Möglichkeit den von dir aufgestellten Lernplan ein. Korrigiere deinen Zeitplan jedoch entspre-

chend, wenn du mit der Zeit im Verzug bist. Achte trotzdem darauf, genügend Pausen und Freizeitabschnitte in den Lernplan einzubauen. Einen Tag vor der Prüfung solltest du nichts Neues mehr lernen und deinem Kopf die nötige Schonzeit gönnen, bevor dieser auf Höchstleistung "gefahren" wird.

10-Punkte-Übersicht: So lernt man lernen

Punkt 1:
Lerne zu festgelegten Zeiten. So werden bestimmte Tageszeiten bzw. Stunden von selbst zu Reizauslösern für anstehende Lernphasen. Mache dich innerhalb von Lernphasen "frei" von äußeren Einflüssen. Übe eine gewisse Zeitdisziplin. Zwinge dich aber nicht. Wenn du einmal lustlos bist, so versuche am nächsten Tag zur gleichen Zeit (allerdings in doppelter Zeit) versäumte Lernphasen nachzuholen. Halte dich aber an deine "innere" Uhr.

Punkt 2:
Lerne an einem festen Lernplatz. Dieser Platz wird somit Reizauslöser für bevorstehende Lernvorgänge. Ein Platz, eigens zur Erledigung von schulischen Lernvorgängen, schafft eher eine motivierende Atmosphäre.

Punkt 3:
Die zu lange Beschäftigung mit ein und demselben Lernstoff ermüdet und mindert die Konzentration. Bessere Lernerfolge lassen sich durch kürzere und dafür häufigere Lernphasen erzielen. Lege also etwa nach einer halben Stunde eine Pause von fünf Minuten und nach einer Stunde von zehn Minuten ein. Verlasse

während der Pausenzeit deinen Lernplatz, um dich vom Lernstoff abzulenken.

Punkt 4:
Lerne mit "individuellen Lerntricks". Beteilige möglichst viele Sinne am Lernprozess. Visuelle Hilfen wirken unterstützend bei der Bewältigung von Lernprozessen und auf das Gedächtnis bzw. Erinnerungsvermögen. Hierzu gehören Fotos, Zeichnungen, Filme, Tafelbilder, farblich markierte Hervorhebungen im Lern- und Arbeitsheft, usw. Der Wiedererkennungseffekt "im Kopf" wird geschult und schließlich gesteigert.

Punkt 5:
Verteile Wiederholungen über längere Zeiträume. Dies bringt mehr Nutzen, als zahlreiche unmittelbar aufeinander folgende Wiederholungen. Hierbei sollte die erste Wiederholung möglichst früh nach dem Lernen erfolgen. Benutze ggf. eine Lernkartei.

Punkt 6:
Gliedere den Lernstoff nach logischer Zugehörigkeit bzw. in Teilabschnitte. Das verschafft einen besseren Überblick über das Stoffgebiet, erhöht die Einsicht in Zusammenhänge und erleichtert das Lernen von Details.

Punkt 7:
Setze dir Teilziele. Der Lernstoff wird somit über-
schaubarer und schafft zudem frühzeitige Erfolgser-
lebnisse, die zusätzlich motivierend wirken.

Punkt 8:
Gönne dir regelmäßige Pausen. Auch das Gehirn
muss die Gelegenheit erhalten, den Lernstoff zu "ver-
dauen". Pausen sind um so mehr sinnvoller, je mehr
sie sich von den einzelnen Lernstoffbereichen unter-
scheiden. Mache z. B. zwischen Mathematik und dem
Fach Deutsch eine Pause von fünf bis zehn Minuten.
Die erste Pause nach Lernbeginn erfolgt etwa nach 30
Minuten für fünf Minuten und nach 60 Minuten für zehn
Minuten. Die Pausenzeiten sollten danach alle 30 bis
45 Minuten jeweils für weitere fünf Minuten erfolgen.

Punkt 9:
Du kannst Gelerntes um so besser behalten, je mehr
Verbindungen bzw. Verknüpfungen mit schon Be-
kanntem von dir hergestellt werden können. So gibt es
in den einzelnen Lernstoffbereichen oftmals Parallelen
zum bereits Gelernten.

Punkt 10:
Suche dir einen "Lernpartner", der bereit ist, dich abzufragen. Er sollte auch in der Lage sein, sich lobend

über dich zu äußern, wenn du deine Sache gut gemeistert hast. Lern-Verhaltensweisen lassen sich fördern, wenn sie durch Belohnung und durch Erfolge sowohl am Lernplatz als auch in der Schule bekräftigt werden. Sei aber ebenfalls bereit, deinen "Lernpartner" bzw. Sozialpartner zu unterstützen. Somit lässt sich Gelerntes weiter festigen.

Extra für Schüler:
Klassenarbeiten erfolgreich schreiben

An dieser Stelle finden insbesondere Schülerinnen und Schüler hilfreiche Anregungen und Tipps für die erfolgreiche Bewältigung von Klassenarbeiten. Du bist noch Schüler oder bereits Auszubildender? Dann ist dir die stressgeplagte Situation vor Klassenarbeiten sicherlich bestens bekannt. Wenn du dieses Buch aufmerksam gelesen hast, dann wirst du unschwer erkannt haben, dass dir bereits im Rahmen dieses Buches eine umfangreiche, wegweisende Hilfe angeboten wird. Nun geht es darum, dir noch schülergerecht einige ergänzende Hilfestellungen bzw. Tipps für gute Noten zu geben.

Phase 1:
Die Zeit vor der Klassenarbeit

■ Du glaubst immer noch von dir, lediglich eine schlechte Klassenarbeit abliefern zu können oder gar ein Versager zu sein. Dann lese dir bitte nochmals das Kapitel "Wie Prüfungsängste entstehen" aufmerksam durch. Beherzige das zum Thema "Selbstvertrauen" Geschriebene. Du kannst deine Stärken nur nutzen, wenn sie dir bewusst sind. Und hierzu gehört unbedingt eine große Portion Selbstbewusstsein. Dir wird in deinem Leben noch viel abverlangt. Du hast daher ein Recht auf die Entwicklung zu einer selbstständigen Persönlichkeit; du hast ein Recht auf ein gesundes Selbstvertrauen. Sofern deine Eltern hier nicht einen unterstützenden Einfluss auf dich haben (meistens unbewusst), dann spreche mit ihnen darüber. Dieses Buch will dir u. a. dabei helfen, auf deine Eltern zuzugehen, da du noch auf die positive Unterstützung der Eltern angewiesen bist. Es wird sicherlich einige Zeit brauchen, um sich das nötige Selbstvertrauen in schulischer Hinsicht und auch im Allgemeinen anzueignen. Wichtig ist zudem die Schaffung von optimalen organisatorischen Voraussetzungen für eine erfolgreiche Klassenarbeit.

■ Informiere dich über das Thema der Klassenarbeit. Lehrer neigen oftmals dazu, durch "eingestreute" Aufgaben, das Niveau der Klassenarbeit zu erhöhen. Besser ist es daher, den Lernstoff nicht zu sehr einzugrenzen.

■ Verschaffe dir eine optimale Lernumgebung. Dies ist eine sehr wichtige und hilfreiche Voraussetzung für effektives Lernen. Äußere, störende Einflüsse sollten möglichst ausgeräumt oder zumindest als nicht störend empfunden werden. Halte den Geräuschpegel um dich herum gering und bitte Freunde und Bekannte um Rücksichtnahme. So sollten sie nicht unangemeldet bei dir vorbeischauen. Sorge also für wenig Ablenkung.

■ Vermeide es, auf dem Boden, auf einer Liege oder gar im Bett den Lernstoff durchzuarbeiten. Du ermüdest im Liegen viel schneller als in sitzender Haltung.

■ Dein Lernplatz sollte ein Schreibtisch mit großer Arbeitsfläche sein. Organisiere die Dinge auf dem Schreibtisch übersichtlich und entferne die Dinge, die du zum Lernen nicht benötigst. So sollten alle Lern-Unterlagen, die du in bestimmten Lernphasen benötigst, vor Lernbeginn in entsprechender Reihenfolge parat liegen. Das spätere Suchen von Arbeitsunterlagen unterbricht die Konzentration, steigert ggf. die Nervosität und führt zur Ablenkung vom Lernstoff. Lasse keine Dinge in Sichtweite liegen, die dich eher dazu verführen, sich ablenken zu lassen. Der Fernseher sollte selbstverständlich ausgeschaltet sein.

■ Du solltest dir nicht ein zu großes Lernpensum vornehmen. Schaffst du nur einen Bruchteil davon, dann wirst du wahrscheinlich von dir enttäuscht sein. Enttäuschungen führen zu Selbstzweifeln und können die Motivation sehr hemmen. Du solltest jedoch alles tun, um den Lernstoff motiviert zu bewältigen. Teile also den Lernstoff in sinnvolle Abschnitte ein. Hierzu verschaffst du dir erst einmal einen Überblick über den Lernstoff. Unterteile den Lernstoff in Abschnitte, die du zusammenhängend bewältigen möchtest. Die einzelnen Lernabschnitte sollten im logischen Zusammenhang stehen. Wieviel du jeweils lernen möchtest, hängst davon ab, wieviel Lernzeit du am Tag eingeplant hast. Lese dir nochmals das Kapitel "Checkliste zur optimalen Prüfungsvorbereitung" und das Kapitel "10-Punkte-Übersicht: So lernt man lernen" aufmerksam durch. Du wirst dort einige hilfreiche Tipps zur Lernstoffeinteilung finden.

■ Das Durchlesen von Lehrtexten erfordert eine andere Lesetechnik als das Lesen von Krimis oder Romanen. Der Lehrtext sollte Aufgabe für Aufgabe, Lexion für Lexion durchgelesen und durchgearbeitet werden. So wird Gelesenes besser verstanden und schließlich behalten. Denke während des Lesens über den Text nach und versuche alles genau zu verstehen. Wenn du etwas nicht verstanden hast, dann markiere dir diese Stellen, um bei Gelegenheit nachfragen zu können. Gehe den Lernstoff nach dem Bearbeiten eines Lernabschnitts nochmals gedanklich durch und schreibe dir die Punkte heraus, die dir noch ein wenig Probleme bereiten. Nutze die Gelegenheit bis zur Klassenarbeit, um Unsicherheiten bzw. Unklarheiten möglichst weitestgehend aus den Weg zu räumen.

■ Arbeite mit farbigen Markierstiften. Das Hervorheben wichtiger Stellen im Lernstoff hilft dir, sich diese Stellen besser zu merken. Außerdem lenkst du beim Markieren deine Aufmerksamkeit zugleich auf die wichtigsten Passagen im Lernstoff und du findest beim Wiederholen die wichtigsten Stellen schneller wieder. Streiche aber nicht zuviel an, sonst tritt dieser "Effekt" nicht hervor. Im Arbeitsheft solltest du einen Rand für Notizen und Bemerkungen lassen, z. B. für Hinweise auf eigene Beispiele, Verweise auf andere Textstellen oder für Fragen. Wenn du dir das Wesentliche in deinen eigenen Worten zusammenfasst, wird es dir viel leichter fallen, den Inhalt des Lernstoffs zu verstehen und zu behalten.

■ Lerne möglichst dann, wenn du dich fit fühlst. Versuche also, die Lernphasen deiner Leistungskurve anzupassen. Erledige Routinetätigkeiten, wenn du in einem Leistungstief bist. So könntest du in einer lustlosen, "laschen" Phase deinen Hobbys nachgehen oder dein Zimmer aufräumen. Irgendwelche Dinge liegen fast immer - bescheiden gesagt - "ungeordnet" im Kinderzimmer herum. Stimmt's?

■ Hier haben die Schülerinnen und Schüler (wie in manch anderen Dingen) Recht: Lernen ohne Pausen einzuplanen ist unmöglich! Plane also regelmäßige Pausenzeiten ein. Ungeplante, spontane Pausen bewirken i. d. R. ein unnötig schlechtes Gewissen und hemmen die Motivation. Im Allgemeinen kann jemand durchschnittlich 45 bis 60 Minuten durchgehend konzentriert arbeiten. Wenn du herausfinden möchtest, wie lange du konzentriert lernen kannst, dann probiere Folgendes aus: Schaue auf deine Uhr, merke dir die Zeit und beginne nun, dir einen längeren Lernabschnitt durchzulesen. Wenn du merkst, dass du unruhig wirst und bisweilen Sätze mehrfach lesen musst, um sie zu verstehen, dann schaue wieder auf die Uhr. Nun kennst du die Zeit, in der du konzentriert arbeiten bzw. lernen kannst. Dies solltest du bei der Erstellung deines Lernplanes berücksichtigen (Vergleiche Seite 51, 54, 55, 56).

Phase 2:
Tag der Klassenarbeit

■ Beginne den Tag mit den im Kapitel "Praxis-Training gegen Prüfungsängste" beschriebenen Trainingseinheiten. Du kannst aber auch eine CD abspielen, wenn die Musik entspannend auf dich wirkt.

■ Dein Frühstück sollte leicht und nahrhaft sein. Ein leerer Magen lenkt durch das auftretende Hungergefühl ab und beeinträchtigt das Konzentrationsvermögen. Ein zu voller Magen erhöht den Energiebedarf des Verdauungstrakts und mindert ebenfalls das Konzentrationsvermögen, da die Energiezufuhr zum Gehirn auf "Sparflamme" gesetzt ist.

■ Setze auf dem Weg zur Schule die im Kapitel "Praxis-Training gegen Prüfungsängste" beschriebenen Atemübungen gezielt ein. Vor dem Klassenraum solltest du noch einmal tief durchatmen und dir sagen: "Endlich ist es soweit und ich habe es bald überstanden. Ich habe mich gut vorbereitet. Mehr konnte ich nicht tun. Bei Unklarheiten habe ich mir den Lösungsweg erklären lassen. Deshalb kann ich es schaffen".

■ Meide unmittelbar vor der Klassenarbeit jene Schüler, von denen du weißt, dass sie dich in Bezug auf die Klassenarbeit mit Katastrophenszenerien nur verunsichern.

■ Verschaffe dir einen Überblick über die Aufgaben und arbeite zunächst die Aufgaben durch, die dir am leichtesten fallen. Sollte während der Klassenarbeit eine geistigen Blockade einsetzen, dann sage dir: "Darauf bin ich vorbereitet. Das wird vorübergehen. Ich atme jetzt einige Male ruhig und tief durch, so wie ich es trainiert habe. So, und nun kümmere ich mich wieder um die Aufgaben, die ich lösen kann.

■ Gebe dir stets neuen Mut. Sage dir: "Wenn ich eine Frage nicht verstanden habe, dann darf ich meinen Lehrer fragen. Außerdem muss ich nicht jede Frage beantworten können. Ich werde jetzt erst einmal die Aufgaben lösen, die mir keine Probleme bereiten. Das nimmt mir meine Anspannung und macht mich sicherer. Aufgaben, die ich im Moment nicht lösen kann, mache ich später. Etwas wird mir dann schon einfallen. Und jede geschriebene Zeile ist besser als gar keine geschriebene Zeile. Ich werde schon das Beste für mich herausholen können.

Liebe Leserinnen und Leser,
liebe Schülerinnen und Schüler,

wir sind nun am Ende dieses Buches angelangt. Dieses Buch bietet die Chance, künftig ruhiger und gelassener in bevorstehende Prüfungen zu gehen. Bedenkt aber bitte, dass die in diesem Buch aufgeführten Strategien und Trainingsmethoden nur dann zum nennenswerten Erfolg führen, wenn sie immer wieder trainiert werden. Auch die Erkenntnisse zum Thema "Selbstvertrauen" sollten im mentalen Trainingsprozess einbezogen werden. Wie bei allen übrigen Gewohnheiten, so lassen sich auch Prüfungsängste im Allgemeinen nur schwer abgewöhnen. Sie lassen sich aber durch das Trainieren gezielter Strategien zumindest deutlich mindern. Dies ist lediglich ein erster Schritt, aber ein unerlässlicher Schritt zum Prüfungserfolg. Sei nicht enttäuscht, wenn der gewünschte Erfolg nicht sofort eintritt. Dies braucht Zeit. Oftmals über mehrere Wochen oder gar Monate hinweg. Dies ist völlig normal, wenn du dir die Lebensjahre bewusst macht, in denen es dir nicht gegönnt war, ein gesundes Selbstbewusstsein bzw. Selbstvertrauen zu entwickeln. Habe also etwas Geduld mit dir. Dieses Buch wird dir ein ständiger, hilfreicher Begleiter sein und immer wieder neue Kraft geben. Es wird dir helfen, deine Prüfungsängste in den Griff zu bekommen.

Ausschnitt: Autogenes Training

Oftmals helfen Übungen des "Autogenen Trainings" kontrolliert mit der Angst vor Prüfungen umzugehen. Dies kann sich dann positiv auf derartige Stress-Situationen auswirken. Autogenes Training ist allerdings kein Allheilmittel! Demnach können derartige Übungen nur eine "ergänzende" Wirkung auf den Lernerfolg haben. Die hier vorgestellten Kurz-Übungen sollten jeweils in mehreren Blöcken wiederholt werden.

Übung 1:　　⇨ Anwendung bei Ermüdung

- Entspannungshaltung einnehmen (sitzen, liegen)
- auf die Übung einstimmen (Augen schließen)
- 1x "Ich bin ganz ruhig und entspannt"
- 5x "Mein rechter Arm ist angenehm schwer"
- 1x "Ich bin ganz ruhig und entspannt"
- Im Wechsel ca. fünf Minuten fortsetzen!
- 1x "Nach dem Zurücknehmen bin ich wieder frisch und aktiv"

Übung 2:　　⇨ Anwendung bei Nervosität

- Entspannungshaltung einnehmen (sitzen, liegen)
- auf die Übung einstimmen (Augen schließen)
- 1x "Ich bin ganz ruhig und entspannt"
- 3x "Mein Herzschlag ist ruhig und regelmäßig"
- 5x Tiefe und gleichmäßige Atmung!
- 3x "Ich bin ganz ruhig und entspannt"
- 1x "Ich bin ganz gelassen und entspannt und gut vorbereitet"

Zitatensammlung

Ein Mensch kann nicht alles wissen, aber etwas muss jeder haben, was er ordentlich versteht.

Gustav Freytag

Wer sich nicht selbst helfen will, den kann niemand helfen.

Johann H. Pestalozzi

Zufall ist ein Wort ohne Sinn; nichts kann ohne Ursache existieren.

Voltaire

Wenige Dinge auf Erden sind lästiger als die stumme Mahnung, die von einem guten Beispiel ausgeht.

Mark Twain

So komme, was da kommen mag!
Solange du lebst, ist es Tag.

Theodor Storm

Staunen ist der erste Schritt zu einer
Erkenntnis.

Louis Pasteur

Sei deines Willens Herr und deines Gewissens Knecht.

Marie v. Ebner-Eschenbach

Schwatzen lernt man früher als zuhören.

Sprichwort

Man bleibt jung, solange man noch lernen, neue Gewohnheiten annehmen und Widerspruch ertragen kann.

Marie v. Ebner-Eschenbach

Nur wer wesentlich schweigen kann, kann wesentlich reden.

Sören Kierkegaard

Jeder Erfolg, den man erzielt, schafft uns einen Feind. Man muss mittelmäßig sein, wenn man beliebt sein will.

Oscar Wilde

Mitwollende gibt's wenig, Misswollende viel.

Johann Wolfgang v. Goethe

Unsere größte Heldentat besteht nicht darin, niemals hinzufallen, sondern jedes Mal wieder aufzustehen, wenn wir gestürzt sind.

Konfuzius

Solange man nicht aufgibt, ist man nicht besiegt.

Sprichwort